Marie-Andrée Simard.

VOTRE AVENIR

LA NUMÉROLOGIE

David V. Barrett

HURTUBISE

HMH

© 1995 Hurtubise HMH
pour l'édition en langue française au Canada

Dépôts légaux
B. N. du Canada et B. N. du Québec
mars 1996

Imprimé par Imago Hong Kong

ISBN 2-89428-135-8

Traduit de l'anglais
par Carole Coen-Préat

L'édition originale de cet ouvrage
a été publiée en 1995 sous le titre de
The Predictions Library – Numerology
par Dorling Kindersley

SOMMAIRE

INTRODUCTION
À LA NUMÉROLOGIE

LA NUMÉROLOGIE EST L'ÉTUDE DE LA SIGNIFICATION
ÉSOTÉRIQUE DES NOMBRES ET DE TOUT CE QUI PEUT ÊTRE
CONVERTI EN NOMBRES, EN PARTICULIER LA DATE
DE NAISSANCE ET LE NOM.

Les nombres ont, de tout temps, eu une signification religieuse et magique : l'Ancien Testament fournit les dimensions précises de l'Arche de Noé et de différentes parties du Temple de Salomon.

De même, beaucoup de cathédrales médiévales furent dessinées et construites selon des schémas géométriques à forte signification ésotérique. Les francs-maçons et les rosicruciens détiennent toujours les secrets de la magie en architecture.

Les prénoms ont également une importance religieuse et magique, et chacun d'entre eux possède une signification originale.
Anne, par exemple, est la forme grecque du prénom hébreu

LA DIVINATION
PAR LES DÉS
Les dés sont utilisés en divination depuis les temps anciens.
Cette feuille de divination française datant du XVIᵉ siècle était établie pour un jeu à partir du roulement du dé. On s'en servait pour répondre à des questions concernant l'avenir.

LE 12 SACRÉ

Cette miniature française du XIVᵉ siècle représente le nombre sacré 12, qui est celui des prophètes et des apôtres.

Hannah, qui veut dire « Dieu m'a préférée » ; Christine, Christian et toutes les variantes de ce prénom signifient simplement « chrétien » ; David vient du mot hébreu « aimé » ou « ami » ; Théodore, Didier et Thierry proviennent tous trois de Théodoric, le « chef du peuple ».

Les prénoms sont également dotés d'un pouvoir non négligeable. Dans nombre de sociétés, il était considéré comme dangereux de divulguer son nom à un étranger, dans le cas où celui-ci voudrait vous jeter un sort. L'une des manières d'éviter cela était de posséder un nom secret, connu de vous seul : tout autre nom « connu » n'était alors qu'une appellation publique.

Les prénoms peuvent également être convertis en nombres. En numérologie, ce n'est pas la signification originelle d'un prénom qui est importante, mais la somme des équivalents numériques de chacune de ses lettres.

Les numérologues disent que le nombre auquel votre prénom peut être réduit contient des informations vitales sur votre personnalité et les objectifs que vous devez poursuivre dans la vie.

HISTOIRE
DE LA NUMÉROLOGIE

LES NOMBRES ONT ÉTÉ IMPORTANTS PARTOUT
OÙ RÉGNÈRENT LA CIVILISATION, LA RELIGION, LES ARTS
ET LA SCIENCE. ILS ONT ÉTÉ UTILISÉS POUR LE CALCUL,
LA CONSTRUCTION, ET À DES FINS MYSTIQUES.

L es kabbalistes sont à l'origine de la numérologie moderne. Éléments mystiques du judaïsme, ils étaient également empreints de pensée chrétienne et islamique. Les kabbalistes étaient de grands érudits, qui eurent une influence importante, amorcée au XIIᵉ siècle, dans le sud de la France, en Espagne et au Portugal, où elle dura jusqu'au moment de leur expulsion, en 1492.

En Europe occidentale, aux XVIᵉ et XVIIᵉ siècles, les philosophes hermétiques étudiaient et pratiquaient l'astrologie, l'alchimie, la magie et la

L'ARBRE DE VIE
*Cet Arbre de vie du XVIIᵉ siècle,
également connu sous le nom
d'Arbre sépirotique, fait partie du
système complexe de diagrammes
de la kabbale illustrant la relation
entre Dieu et l'homme.*

L'HOMME DE LA MAGIE

Cette gravure sur bois d'Henry Cornelius Agrippa, de Netterheim, provient de son œuvre De Occulta Philosophia, datant de 1533 C'était un occultiste, un philosophe hermétique et un magicien.

signification mystique des nombres. Ce mouvement comprenait notamment Henry Cornelius Agrippa (1486-1535), John Dee (1527-1608), Robert Fludd (1574-1637) et Elias Ashmole (1617-1692). D'une certaine façon, on peut les considérer comme les équivalents chrétiens des kabbalistes.

~ 9 ~

Au XIXe siècle et jusqu'au début du XXe siècle, la numérologie ne devint guère plus qu'un agréable jeu de salon, mais finit pourtant par être formalisée de manière scientifique. Beaucoup de systèmes numérologiques contemporains proviennent des enseignements d'un numérologue américain, L. Dow Balliett (1847-1929), et de l'Institut de recherche numérique de Californie, fondé par le Dr. Juno Jordan, un élève de Balliett. Ces dernières années, le renouveau général du mouvement New Age a contribué à ramener la numérologie vers ses racines symboliques et mystiques.

PYTHAGORE

PYTHAGORE, LE CÉLÈBRE PHILOSOPHE
ET MATHÉMATICIEN, ÉTAIT FASCINÉ PAR LES ÉTOILES,
LA « MUSIQUE DES SPHÈRES » ET LES RELATIONS ENTRE
LES NOMBRES. IL EST CONSIDÉRÉ COMME L'UN DES
FONDATEURS DE LA NUMÉROLOGIE.

P ythagore (580-500 av. J.-C.) est probablement plus connu pour son théorème sur les côtés du triangle rectangle. Les propriétés géométriques des triangles et des carrés l'ont continuellement fasciné. Son théorème ne représente qu'un petit calcul parmi un nombre considérable de travaux qui comprenaient l'étude de la signification des nombres en géométrie, en musique, en architecture, en astrologie et en astronomie, et qu'il poursuivit sa vie entière.

Pythagore parcourut l'Ancien Monde pendant de nombreuses années, tirant un enseignement de l'Univers, l'Humanité

QUI ÉTAIT-IL ?
Pythagore fut le fondateur de l'influente fraternité religieuse des Pythagoriciens. Ils croyaient en l'immortalité et en la transmigration des âmes, ou réincarnation.

L'ESPACE SACRÉ
Cette photo montre une vue de la galaxie, mais, lorsque Pythagore étudia l'astronomie et l'astrologie, il observa « des mondes se déplaçant dans l'espace selon le rythme et l'harmonie des nombres sacrés ».

et Dieu à partir des multiples religions, philosophies et sciences qu'il côtoya. Il rassembla toutes ses connaissances en un système unique et fonda une école ésotérique à Crotona, dans le sud de l'Italie, transmettant son enseignement à des élèves soigneusement sélectionnés. Plus tard, des philosophes tels que Platon (428-348 av. J.-C.) et Aristote (384-322 av. J.-C.) perpétuèrent ses travaux.

Pour Pythagore et l'école de pensée pythagoricienne, chaque domaine de la vie pouvait être traduit en nombres. On attribue à Pythagore la découverte des relations mathématiques entre les notes de musique, dont l'octave, et les intervalles entre les notes forment l'harmonie.

Selon Pythagore, les nombres impairs étaient qualifiés de mâles, actifs et créatifs, alors que les nombres pairs étaient plutôt féminins, passifs et réceptifs. Chaque nombre de 1 à 9 possédait ses propres propriétés spécifiques, et la description de ces propriétés par Pythagore influence encore largement la numérologie moderne.

LES BASES DE
LA NUMÉROLOGIE

LA NUMÉROLOGIE UTILISE VOTRE NOM ET VOTRE DATE
DE NAISSANCE, ET LES RÉDUIT, PAR DIFFÉRENTS MOYENS,
À UN NOMBRE À UN SEUL CHIFFRE. CES NOMBRES PEUVENT
CONTRIBUER À RÉVÉLER VOTRE PERSONNALITÉ.

B ien que la numérologie réduise votre nom et votre date de naissance à un nombre à un seul chiffre afin de révéler l'essentiel de vous-même, vos forces et vos faiblesses, ainsi que les objectifs qu'il vous faudrait poursuivre dans votre vie, très peu de personnes sont susceptibles de se résumer à un seul nombre. Votre personnalité aura plutôt tendance à contenir des éléments de plusieurs nombres différents. En termes de numérologie, c'est la combinaison de ces nombres qui reflète la complexité de votre personnalité individuelle. Cependant, beaucoup de personnes possèdent un nombre qui prévaut largement sur les autres.

L'ancienne théorie de Pythagore sur la masculinité et la féminité des nombres (*voir page 13*) est toujours largement utilisée dans la numérologie moderne, où les nombres impairs sont considérés comme masculins et les nombres pairs, comme féminins. Les termes

LES NOMBRES MASCULINS
Le David de Michel-Ange est, dans le domaine de l'art, considéré comme l'un des exemples les plus parfaits de la masculinité. En numérologie, les nombres impairs sont masculins.

de mâle et de femelle ou de masculin et de féminin, n'ont, en réalité, aucun rapport avec votre sexe. La qualification d'attributs tels que passif, réceptif, docile et chaleureux pour le mot féminin, et actif, créatif, entreprenant et froid pour le mot masculin, est considérée comme irrecevable et sexiste dans notre société contemporaine. Il est malheureusement difficile d'éviter ces termes en numérologie, car c'est le reflet adéquat des positions respectives des hommes et des femmes dans les sociétés antérieures.

~⦿~

Chacun d'entre nous détient à la fois des attributs « masculins » et « féminins ». Il y a autant d'hommes doux et dociles que de femmes agressives et fortes.

La numérologie s'occupe surtout des nombres allant de 1 à 9. Le 0 ne fut que très tardivement ajouté à la notation mathématique. Bien qu'il fût introduit par un érudit arabe au IXe siècle, il ne fut accepté en Europe qu'au bout de plusieurs siècles. Le nombre 0 ne possède pas de signification en numérologie. En revanche, les nombres 11 et 22 ont leur importance. Les deux ont leur

propre signification ésotérique (*voir pages 24-25*). Cependant, dans le cas où un calcul numérologique se ramène aux nombres 11 ou 22, ils seront respectivement réduits à 2 (1+1) et 4 (2+2).

LA SIGNIFICATION DES NOMBRES

LES NUMÉROLOGUES TRAVAILLENT AVEC LES NOMBRES 1 À 9, 11 ET 22. ON CONSIDÈRE QUE LES DIFFÉRENTES SIGNIFICATIONS DE CES NOMBRES RENFERMENT TOUTE L'EXPÉRIENCE CONTENUE DANS VOTRE VIE.

Un

C'est le nombre de l'unité et des commencements, et donc le nombre de Dieu, le créateur de l'Univers. C'est également le premier nombre masculin, en partie de par sa forme phallique, mais aussi pour son puissant caractère créatif.

Ce nombre est le symbole de l'activité mentale et physique.

En termes de personnalité, 1 représente le goût de diriger, l'organisation et l'ambition. Les personnes dont le profil numérologique comporte plusieurs fois le nombre 1 sont des meneurs-nés. Ils génèrent les idées et possèdent les capacités organisationnelles pour les mener à bien. Ils ont tendance à être individualistes et ne sont pas faits pour occuper une place de subordonné dans une équipe. Certains sont des solitaires, et leur détermination est telle qu'ils peuvent être perçus comme agressifs par leur entourage.

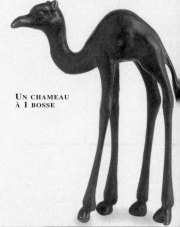

UN CHAMEAU À 1 BOSSE

Deux

Dans la pensée gnostique et dualiste, le Dieu saint était en conflit perpétuel avec un dieu malfaisant. Si 1 représente Dieu, 2 correspond alors au dieu malfaisant, c'est-à-dire au diable. Les principales caractéristiques du nombre 2 sont cependant féminines : docilité, réceptivité, soumission et passivité. En termes de sexualité physique, la forme des deux lignes verticales, comme dans le chiffre romain II, est considérée comme symbolisant le vagin dans lequel s'imbrique le 1 en forme de pénis.

2 CERISES BIEN ROUGES

La personnalité des personnes possédant plusieurs nombres 2 est l'exacte opposée du 1. Ces personnes sont passives et obéissent plutôt qu'elles ne dirigent. Ce sont de parfaits subordonnés, à leur place dans une équipe. Cependant, elles ont tendance à être trop serviles, et leur douceur naturelle peut être perçue comme de la timidité, voire de la faiblesse.

Elles préfèrent persuader les autres de la justesse de leur point de vue avec douceur plutôt que de leur imposer. Elles possèdent un don naturel de conciliation : toujours capables de comprendre deux opinions s'affrontant, elles sont à même de les amener à un accord.

17

Trois

C'est le nombre symbolisant la génération, en partie de par sa forme rappelant les parties génitales masculines et l'union sexuelle, mais aussi parce que 1 et 2, masculin et féminin, font 3, la conséquence. Géométriquement, si 1 est un point et 2 une ligne, 3 est la première figure plane, le triangle. Un triangle pointant vers le haut représente la sexualité masculine et le feu ; pointant vers le bas, il symbolise la sexualité féminine et l'eau. C'est un nombre sacré, comme en témoignent la

Trinité chrétienne et les triples dieux de l'ancienne religion celtique et de l'hindouisme.

Les personnes dont le profil numérologique comportent plusieurs 3 sont actives, harmonieuses, et ce sont de bons vivants. Elles tentent de concilier les caractères opposés du 1 et du 2, et cherchent à les ramener au résultat parfait et fructueux du nombre 3. Elles bénéficient de nombreux talents, sont sociables, et ont tendance à être à la fois attirées et intéressantes sexuellement. Bien que ces personnes se révèlent d'excellents interlocuteurs, elles sont parfois perçues comme étant superficielles.

Quatre

Voici le nombre de la matière : les quatuors, souvent très solides et stables, sont sensibles aux constructions immuables, telles que les 4 saisons, les 4 éléments naturels et les 4 points cardinaux. Le cube, avec ses 4 faces latérales, son dessus et son dessous, représente à la fois la stabilité et la rigidité dans la géométrie magique et dans l'architecture.

En numérologie, le 4 représente la stabilité. Bien que ce soit un élément important de la vie, il peut également signifier l'immobilité et l'ennui. La même remarque peut être faite aux personnes comportant de nombreux 4 dans leur profil.

Elles se réalisent souvent dans le travail, qu'elles font bien, en particulier dans les domaines de l'organisation, de la gestion et de l'administration, mais leurs actions manquent souvent de panache et d'excitation. « Inspirées » et « non conventionnelles » ne s'appliquent que rarement aux personnes 4, mais leur stabilité est indispensable à la société.

LES 4 AILES
D'UNE LIBELLULE

Cinq

Le nombre 5, énergisant et excitant, est celui des sens, ainsi que celui des humains : 4 membres et 1 tête constituent les 5 projections du torse. C'est également le nombre de la terre, de la nature et de l'occulte : l'étoile à 5 branches ou le pentagramme utilisés par les païens actuels comprennent l'idée de l'homme et de la nature. 5 est un nombre à forte connotation sexuelle, étant l'addition des parties génitales mâles (3) et femelles (2).

UNE ÉTOILE
DE MER
À 5 BRANCHES

Les personnes dont le profil numérologique renferme de nombreux 5 sont pleines d'énergie et toujours en activité ; elles veulent tout essayer, mais ne s'arrêtent jamais sur quelque chose de précis. Ces personnes sont à la fois vives d'esprit et de tempérament. Elles adorent le changement et les défis, mais ont tendance à prendre trop de risques, à agir d'abord et réfléchir ensuite. Progressistes et partisans de la liberté de penser, leur compagnie est excitante, en particulier dans le domaine sexuel. De par leur quête perpétuelle de liberté, ce sont rarement des personnes stables, sur lesquelles on peut compter.

6

Six

C'est l'un des nombres les plus harmonieux. En mathématiques, c'est à la fois le résultat de 2x3 et de 1+2+3, et c'est un nombre symboliquement bien équilibré. 6 est le nombre de la Création (6 jours), ainsi que celui d'une union sexuelle harmonieuse : la superposition du triangle pointant vers le haut (mâle) et de celui pointant vers le bas (femelle) forme l'étoile à 6 branches. C'est à la fois un nombre féminin et le résultat de 2x3, représentant par là le côté nourricier de la femme : l'aspect sécurisant, stable, chaleureux et familial de la maternité.

~ ◌ ~

Les personnes dont le profil numérologique comporte de nombreux 6 sont faites pour bâtir un foyer ; elles adorent la chaleur et la sécurité de la famille. Ce sont des personnes rassurantes, harmonieuses, de compagnie agréable, qui sont à même de prendre des responsabilités, bien que cela les mène parfois à l'autosatisfaction. Elles ont également tendance à s'ingérer dans les affaires des autres, persuadées qu'elles détiennent la solution à tout.

UNE VOITURE DE COURSE PORTANT LE NUMÉRO 6

7

Sept

De tous les nombres, c'est l'un des plus sacrés et des plus magiques. Dans les religions judéo-chrétiennes, Dieu créa le monde en 6 jours et se reposa le 7ᵉ, formant ainsi la semaine de 7 jours. On compte également 7 couleurs dans l'arc-en-ciel, 7 piliers de la sagesse et 7 Merveilles du monde.

~·~

Les personnes possédant de nombreux 7 dans leur profil numérologique sont méditatives et sont attirées vers la religion hétérodoxe et le mysticisme. Ce sont très souvent des individualistes introspectifs ou simplement des solitaires. Plutôt intellectuelles, elles éprouvent parfois de la difficulté à se montrer sociables.

Ces personnes peuvent par conséquent être perçues comme étant froides et distantes. Rarement affectées par l'opinion des autres, elles s'organisent et travaillent extrêmement bien seules, et ont du mal à s'adapter à l'esprit de camaraderie d'un travail en équipe. Elles n'attachent aucune importance aux quêtes de ce monde et aux plaisirs de la vie, préférant nettement s'adonner à l'imaginaire et aux rêveries.

LES 7 CHAKRAS

Les personnes dont le profil numérologique comporte de nombreux 8 sont matérialistes et terre-à-terre ; acharnées au travail, elles font preuve de persévérance. Ce sont d'excellents hommes et femmes d'affaires, montrant une prédisposition envers l'ordre et bénéficiant d'un don naturel pour générer de l'argent. Cependant, ce qu'ils ont gagné peut être reperdu aussitôt : dans le domaine matériel, ils sont aussi doués pour le succès que pour l'échec. Nombre de ces personnes sont têtues, ambitieuses, et se montrent parfois sans scrupules.

UNE PIEUVRE
À 8 TENTACULES

23

Huit

Tous les aspects terrestres du 4 sont magnifiés dans le nombre 8 : c'est le nombre des préoccupations matérielles. En dehors des considérations terrestres, le 8 est aussi la lemniscate, le symbole magique de l'éternité. Il représente également la porte menant à la vie suivante : le sentier en forme de 8 du bouddhisme nous conduit hors de cette vie matérielle.

En numérologie, ce sont les aspects pratiques du nombre 8 qui sont exploités, et non le désir d'échapper à ce monde.

Neuf

3x3 font 9, et c'est pourquoi ce nombre est extrêmement puissant.

C'est le plus élevé des nombres à un seul chiffre, et il représente à la fois l'accomplissement et l'aboutissement. Il est associé à la grossesse, en partie de par les 9 mois que dure celle-ci, mais aussi de par sa forme ronde rappelant le ventre. C'est également le nombre de l'initiation, du passage d'un stade de commencement à un stade ultérieur.

Les personnes possédant beaucoup de 9 dans leur profil numérologique sont des réalisateurs. Elles ont d'excellentes idées et de grands idéaux, qu'elles poursuivent de toute leur énergie, sans se soucier de laisser tout le monde derrière. Ce sont des personnes extrêmement créatives, bénéficiant souvent d'un don artistique et tout à fait conscientes de leur propre éclat. Bien qu'elles soient fières de leurs capacités et qu'elles soient très sensibles aux compliments, elles ne font jamais étalage de leurs grandes réussites.

9 CHATONS

24

Onze

Voici le nombre de la révélation et de la vision spirituelle. Les personnes possédant beaucoup de 11 se fient à leur intuition, tout en ayant un sens pratique. Elles sont non conventionnelles, et font preuve de bon sens. 11 se réduit à 2 (1+1) et ces personnes possèdent de nombreuses qualités de type double. Cependant, le 1 contenu dans 11 les gratifie également des vertus propres à ce nombre, et les personnes de type 11 ont par conséquent parfois du mal à se placer entre les meneurs et les suiveurs.

Vingt-deux

Le nombre 22 est important dans la kabbale : les 10 points de l'arbre de vie sont rejoints par 22 chemins, l'alphabet hébreu comprend 22 lettres, et l'arcane majeure du tarot est constituée de 22 cartes. C'est le nombre de l'accomplissement et de la perfection. Les personnes dont le profil numérologique comprend de nombreux 22 aiment maîtriser leur vie et leur entourage. 22 se réduit à 4 (2+2), mais les personnes de type 22 ont tendance à bénéficier des aspects les plus forts et les plus positifs du nombre 4.

CHEMIN
DE VIE

VOTRE DATE DE NAISSANCE EST UN FAIT
HISTORIQUE ET NE PEUT DONC PAS ÊTRE MODIFIÉE.
LE NOMBRE DE VOTRE DATE DE NAISSANCE
EST CALCULÉ SUR LA DATE COMPLÈTE.

Votre date de naissance vous montre le meilleur chemin ou la meilleure direction à suivre dans la vie. Si vous suivez ce chemin, il se révélera évident et avantageux à votre égard.

Ce nombre issu de votre date de naissance est extrêmement important, en particulier lorsque d'autres nombres en rapport avec votre vie sont pris en considération. Il est parfois connu sous le nom de nombre de la destinée.

～ ⊙ ～

Votre nombre de date de naissance est facile à calculer.

Il vous suffit d'écrire votre date de naissance sous une forme numérique et d'additionner tous les nombres.

Par exemple, si Jean est né le 18 février 1942, les nombres seront écrits 18/2/1942.

Aux États-Unis, ils seraient écrits 2/18/1942, sans que cela ne modifie en rien le calcul.

～ ⊙ ～

Pour calculer le nombre de votre date de naissance, commencez par additionner les nombres de cette date afin d'obtenir un total.

Puis, ajoutez les unités de ce total jusqu'à obtention d'un nombre à un seul chiffre. L'exemple ci-dessous montre le calcul du nombre de la date de naissance de Jean.

$$1 + 8 + 2 + 1 + 9 + 4 + 2 = 27$$

NOMBRE DE LA DATE
DE NAISSANCE
DE JEAN

$$2 + 7 = 9$$

$$2 + 3 + 1 + 1 + 1 + 9 + 7 + 5 = 29$$

$$2 + 9 = 11$$

**NOMBRE DE LA DATE
DE NAISSANCE
DE NADÈGE**

$$1 + 1 = 2$$

Le nombre de la date de naissance de Jean est 9. La signification numérologique du nombre 9 (*voir page 24*) révèle que Jean bénéficie d'immenses possibilités dans la vie. C'est un accomplisseur-né, possédant un grand charisme et une foule d'idées qui ne demandent qu'à être exprimées. L'idéal pour lui serait de trouver un emploi ou une vocation où il serait en mesure de suivre cette voie enthousiasmante.

Nadège est née le 23 novembre 1975. Pour calculer le nombre de sa date de naissance, celle-ci doit être écrite 23/11/1975. Dans l'exemple ci-dessus, les nombres sont additionnés entre eux pour obtenir un total. Les chiffres de ce total sont alors également additionnés pour former un nombre à un seul chiffre, le nombre de sa date de naissance.

Le calcul de la date de naissance de Nadège est intéressant : le nombre final est 2, mais il convient d'examiner aussi la signification du nombre 11 (*voir page 25*). Bien que 11 soit le nombre pénultième du calcul, il est important en numérologie.

Les significations numérologiques du nombre 2 (*voir page 17*) montrent que Nadège a intérêt à suivre son instinct lui dictant de suivre plutôt que de mener. Les significations numérologiques du nombre 11 (*voir page 25*) révèlent que la personnalité de Nadège bénéficie d'une dimension intuitive et spirituelle. C'est un travail social, de conseiller, au sein de l'Église par exemple, qui lui conviendrait sans doute le mieux, mais toujours dans un rôle d'assistant un peu en retrait par rapport à celui plus en évidence, de directeur.

JOUR
DE NAISSANCE

CE NOMBRE RÉVÈLE LES BASES DE VOTRE PERSONNALITÉ :
VOTRE FORME DE PENSÉE ET VOTRE COMPORTEMENT.
IL EST CALCULÉ EN ADDITIONNANT LES UNITÉS
DU JOUR DU MOIS DE VOTRE NAISSANCE.

Le calcul du nombre de votre anniversaire est très simple. Jean est né un 18 février. En ajoutant les unités du jour de sa naissance, on obtient :

1 + 8 = 9

Le nombre de l'anniversaire de Jean est 9, le même que celui de sa date de naissance (*voir pages 26-27*). Si tel est le cas pour vous, votre personnalité et votre chemin de vie peuvent se renforcer l'un l'autre.

~ 9 ~

Les significations numérologiques du nombre 9 (*voir page 24*) montrent que le chemin de vie de Jean est charismatique, créatif et jalonné de succès. La personnalité de base de Jean, c'est-à-dire la manière dont il pense et se comporte en l'absence

de toute contrainte, est révélée par le nombre de son anniversaire. Il en résulte que sa personnalité sied idéalement à son chemin de vie : il possède des dons naturels de créativité et d'intelligence et il est à même de concrétiser ses qualités.

~ 9 ~

Le chemin de vie aurait pu être considérablement plus difficile si les nombres n'avaient pas été identiques. Par exemple, si le nombre d'anniversaire de Jean avait été 4, les significations numérologiques du nombre 4 (*voir page 19*) suggèrent que seuls une détermination et un travail acharné auraient pu le mener à l'accomplissement de son chemin de vie. Si le nombre de son anniversaire avait été 4, il est possible que sa personnalité créative naturelle ait été étouffée par un chemin de vie stable mais ennuyeux.

Nadège est née un 23 novembre. Comme nous venons de le faire pour Jean, si on additionne les unités du jour de sa naissance, on obtient :

$$2 + 3 = 5$$

Le nombre de son anniversaire est 5, et le nombre de sa date de naissance est 2. Si ces deux nombres sont différents, un conflit peut avoir lieu entre la personnalité intérieure et le chemin de vie. Il est également possible que les différents aspects des deux nombres viennent en aide aux faiblesses potentielles qu'ils renferment.

~ o ~

Le chemin de vie de Nadège est révélé par 2, le nombre de sa date de naissance. Les significations numérologiques du nombre 2 (*voir page 17*) montrent que son chemin de vie est contemplatif, calme et en attente du soutien des autres. Sa personnalité intérieure, révélée par le nombre 5, correspondant à son anniversaire, possède un caractère complètement différent.

Les significations numérologiques du nombre 5 (*voir page 20*) révèlent que Nadège, dans l'essentiel, est très vivante, énergique et qu'elle passe naturellement d'un domaine d'intérêt à un autre. Bien qu'elle soit une personne avec laquelle on ne s'ennuie jamais, il est impossible de compter sur elle.

~ o ~

Les différences considérables des significations numérologiques des nombres 2 et 5 suggèrent qu'un grave conflit est possible entre la personnalité de base de Nadège et son chemin de vie. Il se peut également que les qualités de soutien, caractérisant son chemin de vie, canalisent les aspects de sa personnalité : sa vivacité naturelle se dirigera vers quelque chose d'utile plutôt que de s'éparpiller.

~ o ~

Bien que le chemin de vie de Nadège tende à être contemplatif, sa vivacité (de type 5) l'emportera sur la passivité de son chemin de vie (de type 2). Il est probable qu'elle ne laissera pas les autres profiter de sa bonne nature.

GRILLE D'INCLUSION
DE LA DESTINÉE

LES FLÈCHES DE PYTHAGORE SONT LES LIGNES
D'UNE GRILLE NUMÉROLOGIQUE. LA GRILLE MONTRE
VOS NOMBRES LES PLUS IMPORTANTS, LA FAÇON DONT ILS
FONCTIONNENT ENSEMBLE, ET VOS NOMBRES MANQUANTS.

La grille des flèches de Pythagore comporte 9 nombres et se présente ainsi :

GRILLE DES FLÈCHES DE PYTHAGORE

C'est la grille de base, qui montre l'exacte position que doivent occuper vos nombres. Placez les nombres de votre date de naissance complète aux places correspondantes d'une grille vierge. Si votre date de naissance comporte des zéros, ignorez-les – le zéro n'ayant aucune signification en numérologie. Par exemple, Jean est né le 18 février 1942 (18/2/1942).

Si l'on place les nombres 1, 8, 2, 1, 9, 4 et 2 dans les bonnes positions, on obtient la grille représentée en bas de cette page, appelée « grille de date de naissance ». Les points de la grille marquent les nombres manquants dans la grille.

Toute personne née au XXᵉ siècle aura au moins un 1 et un 9 dans sa grille, et, quelle que soit sa date de naissance, la grille comportera au moins un espace vide. Une personne née le 11

GRILLE DE DATE DE NAISSANCE DE JEAN

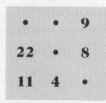

novembre 1911 aurait sept fois le nombre 1 dans l'espace en bas à gauche et un 9.

~ 9 ~

Autre exemple : Nadège est née le 23 novembre 1975 (23/11/1975). Si l'on place les nombres 2, 3, 1, 1, 1, 9, 7 et 5 dans les bonnes positions, on obtient la grille de date de naissance ci-dessous :

GRILLE DE DATE DE NAISSANCE DE NADÈGE

Une fois les nombres placés correctement dans la grille, tracez une flèche réunissant trois espaces remplis en ligne, en colonne ou en diagonale.

~ 9 ~

Jean n'a aucune ligne dans sa grille de date de naissance, ce qui est inhabituel ; Nadège en possède trois. Jean a également toute une ligne vide, ce qui a une signification.

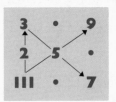

GRILLE DE DATE DE NAISSANCE DE NADÈGE AVEC LES FLÈCHES DE PYTHAGORE

Les flèches de Pythagore élargissent la compréhension des personnalités et des capacités de Jean et de Nadège. Jean n'a aucune ligne complète : aucune flèche de Pythagore n'a pu être tracée dans sa grille. Il possède une ligne entièrement vide, 357. Deux nombres se trouvent sur les lignes 123, 789, 258, 147 et 159, ce qui montre une tendance vers leurs caractéristiques (*voir pages 32-33*). Un nombre seulement se trouve sur les lignes 456 et 369, signifiant une faiblesse dans les domaines qu'elles représentent.

~ 9 ~

Nadège possède trois lignes complètes : 123, 159 et 357. Trois flèches de Pythagore peuvent donc être tracées sur sa grille. Elle montre des affinités avec 147, 258, 369 et 789, mais se révèle faible concernant 456.

INTERPRÉTATION
DES FLÈCHES
DE PYTHAGORE

LES LIGNES HORIZONTALES, VERTICALES ET DIAGONALES ONT UNE SIGNIFICATION SI ELLES SONT COMPLÈTES OU VIDES. SI UNE LIGNE COMPORTE DEUX NOMBRES SUR TROIS, VOUS AVEZ DES AFFINITÉS AVEC SES PROPRIÉTÉS.

147

258

Une ligne 147 complète signifie que vous avez des capacités manuelles, une dextérité physique, de la force et une santé solide. Une ligne 147 vide indique manque d'esprit pratique et maladresse.

Une ligne 258 complète suggère que vous êtes une personne équilibrée, artistique et sensible. Une ligne 258 vide montre un déséquilibre émotionnel et une hypersensibilité.

369

Une ligne 369 complète révèle que vous êtes intelligent, intellectuel, créatif, avec un jugement sûr. Une ligne 369 vide indique l'ennui et une capacité de réflexion réduite.

123

Une ligne 123 complète indique que vous avez des dons d'organisation et de gestion, des capacités administratives et que vous aimez l'ordre. Une ligne 123 vide révèle confusion, désordre et manque de coordination.

456

Une ligne 456 complète montre que vous avez beaucoup de volonté et que vous faites preuve de détermination dans l'obtention de ce que vous désirez. Une ligne 456 vide indique frustration, déception et hésitation.

789

Une ligne 789 complète révèle que vous êtes une personne énergique, enthousiaste et active. Une ligne 789 vide suggère inertie, léthargie, prostration, paresse et apathie.

159

Une ligne 159 complète indique que vous êtes patient, persévérant, déterminé et tenace. Une ligne 159 vide caractérise un manque de motivation et de but, de la résignation et de l'indécision.

357

Une ligne 357 complète indique que vous êtes compatissant, spirituellement réceptif et serein. Une ligne 357 vide suggère une absence de foi et de faibles capacités spirituelles et émotionnelles.

NOMBRE ACTIF
(LE PRÉNOM SEUL)

LA NUMÉROLOGIE PERMET D'EXAMINER
LA VALEUR NUMÉRIQUE ÉSOTÉRIQUE DU PRÉNOM.
DANS CERTAINES CULTURES, C'EST UNE MÉTHODE UTILISÉE
AFIN D'ÉTUDIER LE NOM D'UN LIEU OU D'UNE SOCIÉTÉ.

Avant que l'utilisation des numéros arabes (1, 2, 3, 4, 5, 6, 7, 8, 9 et 0) ne se développe, la plupart des cultures utilisaient les lettres de leur alphabet pour représenter les nombres. Les numéros romains I, II, III, IV, V, VI, VII, VIII, IX et X appartenaient également à l'alphabet romain, et certaines lettres des alphabets grec ancien et hébreu, ainsi que les caractères runiques nordiques, étaient aussi utilisées comme nombres.

~ ⦿ ~

La numérologie moderne est issue de la kabbale (judaïsme ésotérique), et, traditionnellement, l'alphabet hébreu était utilisé en numérologie. La transcription de l'alphabet hébreu en alphabet latin aboutit à une table de conversion

TABLE DE CONVERSION NUMÉROLOGIQUE MODERNE

1	2	3	4	5	6	7	8	9
A	B	C	D	E	F	G	H	I
J	K	L	M	N	O	P	Q	R
S	T	U	V	W	X	Y	Z	

numérologique extrêmement complexe. Les numérologues modernes tendent à placer les nombres de 1 à 9 en rapport avec l'alphabet conventionnel, comme le montre la table page 34.

Dans les exemples ci-dessous, les prénoms de Jean et de Nadège sont transformés en nombres en trouvant l'équivalent numérique des lettres de leur prénom dans la table de conversion numérologique moderne. Les nombres sont ajoutés entre eux, puis additionnés, jusqu'à obtenir un nombre à un seul chiffre. Transformez votre prénom en nombre pour découvrir ce qu'il apporte à votre personnalité (*voir pages 16-25*).

$$J \quad E \quad A \quad N$$
$$1 \quad 5 \quad 1 \quad 5$$

$$1 + 5 + 1 + 5 = 1\,2$$

NOMBRE DU PRÉNOM JEAN $\quad 1 + 2 = 3$

$$N \quad A \quad D \quad È \quad G \quad E$$
$$5 \quad 1 \quad 4 \quad 5 \quad 7 \quad 5$$

$$5 + 1 + 4 + 5 + 7 + 5 = 2\,7$$

NOMBRE DU PRÉNOM NADÈGE $\quad 2 + 7 = 9$

NOMBRE INTIME

EN HÉBREU, LES VOYELLES N'ÉTAIENT
GÉNÉRALEMENT PAS ÉCRITES. ELLES DÉTENAIENT
DONC UNE SIGNIFICATION EN TANT QUE PARTIE
SECRÈTE DU NOM. VOTRE « MOI INTÉRIEUR »
CACHÉ PEUT ÊTRE RÉVÉLÉ PAR
VOTRE NOMBRE VOYELLE.

Il est possible de n'analyser que le prénom, mais la plupart des numérologues étudient à la fois le prénom et le nom. Nombre de personnes utilisent un nom qui diffère de celui qui leur a été donné à la naissance. Marcel Blanc, par exemple, peut n'être connu que sous le nom de Michel Blanc, comme Marie-Claire Lenormand peut se faire appeler Claire Lenormand. C'est le nom le plus couramment utilisé qui est étudié en numérologie.

Pour calculer le nombre voyelle, également appelé « nombre du cœur », écrivez le nom complet utilisé usuellement, puis trouvez l'équivalent numérique de chaque voyelle en se servant de la table de conversion numérologique moderne (*voir page 34*). N'oubliez pas que Y est parfois une voyelle, parfois une consonne : dans Thierry et Yvonne, le Y est une voyelle, alors que dans Yehudi et Yolande c'est une consonne.

Additionnez tous les chiffres jusqu'à obtenir un nombre à un

JEAN HERNANDEZ
5 1   5   1   5

$$5 + 1 + 5 + 1 + 5 = 17$$

$$1 + 7 = 8$$

**NOMBRE VOYELLE
DE JEAN**

36

NADÈGE DUPASQUIES
1   5   5   3   1   3 9 5

$$1 + 5 + 5 + 3 + 1 + 3 + 9 + 5 = 32$$

NOMBRE VOYELLE DE NADÈGE

$$3 + 2 = 5$$

seul chiffre. Cependant, si la somme des chiffres est 11 ou 22, prendre en note, puis les réduire respectivement à 2 et à 4.

~ ୧ ~

Lorsque vous avez calculé votre nombre voyelle, reportez-vous aux pages 16-25 pour découvrir sa signification et votre « moi intérieur » profond. Si votre nombre voyelle est 11 (réduit à 2) ou 22 (réduit à 4), consultez les significations des deux nombres.

~ ୧ ~

Le nombre voyelle de Jean Hernandez est 8 (*voir ci-contre*) et celui de Nadège Dupasquies est 5 (*voir ci-dessus*). Le nombre de date de naissance de Jean est 9 (*voir pages 26-27*) et le nombre de son anniversaire est également 9 (*voir pages 28-29*). La personnalité de Jean correspond idéalement au chemin de vie qu'il doit suivre. Son nombre voyelle, 8,

donne des indications sur ses réussites : il est essentiellement matérialiste, doublé du désir – et de la capacité – de faire fructifier l'argent. Il se peut qu'il soit parfois sans tact dans la poursuite de ses objectifs, mais il y parviendra certainement.

~ ୧ ~

Le nombre de date de naissance de Nadège est 2 (et 11) et le nombre de son anniversaire est 5. Son nombre voyelle, 5, confirme celui de sa date de naissance. La vraie nature de Nadège est vive et exaltée.
Elle suit les autres plutôt qu'elle ne les mène, mais sa personnalité chaleureuse et énergique sera la bienvenue dans n'importe quelle équipe. Elle ne souhaite pas prendre de décisions importantes, et n'aura donc certainement pas d'influence négative sur les autres membres de l'équipe.

NOMBRE
DE RÉALISATION

LE NOMBRE CONSONNE RÉVÈLE CE QUE VOUS MONTREZ
AU MONDE EXTÉRIEUR. CELA PEUT ÊTRE UN MASQUE
DISSIMULANT VOTRE VRAIE PERSONNE, OU BIEN
UNE PROJECTION EXTÉRIEURE DE CE QUE VOUS ÊTES.

A fin de calculer le nombre consonne, écrivez le nom utilisé généralement, et trouvez les équivalents numériques de chaque consonne en vous servant de la table de conversion numérologique moderne (*voir page 34*).
Additionnez les nombres entre eux jusqu'à obtenir un nombre à un seul chiffre.
Si vos nombres pénultièmes sont 11 ou 22, prenez-en note, puis réduisez-les respectivement à 2 ou à 4.

Lorsque vous avez calculé le nombre consonne, reportez-vous aux pages 16-25 pour découvrir le « moi extérieur », c'est-à-dire l'apparence présentée. Si le nombre consonne est 11 (réduit à 2) ou 22 (réduit à 4), consultez les significations de ces deux nombres.

~ ⊙ ~

Dans l'exemple ci-dessous, le nombre consonne de Jean est 9, le même que celui de sa date de naissance (*voir pages 26-27*) et celui de son anniversaire

JEAN HERNANDEZ
1   5 8 9 5   5 4 8

$$1 + 5 + 8 + 9 + 5 + 5 + 4 + 8 = 45$$

$$4 + 5 = 9$$

**NOMBRE CONSONNE
DE JEAN**

NADÈGE DUPASQUIES
5 4 7 4 7 1 8 1

$$5 + 4 + 7 + 4 + 7 + 1 + 8 + 1 = 3 7$$

NOMBRE CONSONNE
DE NADÈGE

$$3 + 7 = 1 0 = 1$$

(*voir pages 28-29*). Les autres perçoivent Jean comme un réalisateur, un être qui a de grandes idées et qui dépense beaucoup d'énergie pour les mettre en pratique. Pourtant, il ne fait pas étalage de ses réalisations, bien qu'il soit conscient de ses propres capacités. Le 9 est l'un des nombres les plus puissants.

Dans l'exemple ci-dessus, le nombre consonne de Nadège est 1. En se reportant aux significations numérologiques de ce nombre (*voir page 16*), on s'aperçoit que Nadège se projette comme une organisatrice exceptionnelle et individualiste. Elle peut être perçue comme agressive par son entourage, car son ambition est démesurée. C'est avant tout une « meneuse » qui génère des idées, mais ne sait pas toujours les mettre en pratique.

Son apparence correspond à son moi intérieur, révélé par le nombre voyelle, 5. Son nombre de naissance 11, réduit à 2, montrait un chemin de vie calme et passif, alors que son nombre consonne indique qu'elle est avant tout une « active ».

Il existe un conflit latent entre son nombre consonne et le nombre de sa date de naissance, 2.

Son parcours lui demande d'être calme et paisible alors que sa personnalité profonde la pousse à bouillonner comme un volcan.

NOMBRE D'EXPRESSION

ON EST LE PRODUIT DE SA VIE INTÉRIEURE
ET EXTÉRIEURE. CE NOMBRE MONTRE COMMENT
CONCILIER LES DIFFÉRENCES EN SOI AFIN D'ACCOMPLIR
SES OBJECTIFS DANS LA VIE.

P our calculer le nombre de votre nom complet, écrivez le nom utilisé usuellement et trouvez l'équivalent numérique de chaque lettre en se servant de la table de conversion numérologique moderne (*voir pages 34*). Additionnez les nombres entre eux afin d'obtenir un nombre à un seul chiffre. Si les nombres pénultièmes sont 11 ou 22, prenez-en note, et réduisez-les respectivement à 2 et à 4. Lorsque

le calcul est terminé, se reporter aux pages 16-25 pour découvrir le « moi entier ».

Le nombre voyelle (*voir pages 36-37*) et le nombre du nom complet de Jean sont 8, montrant des attraits pour la vie matérielle. Il fait preuve d'un esprit terre-à-terre, essentiellement orienté vers la réalisation de ses ambitions. Ce nombre suggère des préoccupations pratiques et le goût

JEAN HERNANDEZ
1 5 1 5   8 5 9 5 1 5 4 5 8

$$1 + 5 + 1 + 5 + 8 + 5 + 9 +$$
$$5 + 1 + 5 + 4 + 5 + 8 = 62$$

LE NOMBRE DU NOM
COMPLET DE JEAN

$$6 + 2 = 8$$

NADÈGE DUPASQUIES
5 1 4 5 5 7 5   4 3 7 1 1 8 3 9 5 1

$$5+1+4+5+7+5+4+3+7+$$
$$1+1+8+3+9+5+1=69$$

$$6+9=15$$

NOMBRE DU NOM
COMPLET DE NADÈGE

$$1+5=6$$

de l'ordre. Jean est ambitieux et son intelligence est vive. Acharné au travail, il peut faire preuve d'une persévérance tenace. Bénéficiant d'un don naturel pour la gestion de l'argent, les 8 sont des hommes ou femmes d'affaires innés. Cependant, le nombre de sa date de naissance (*voir pages 26-27*) et son nombre d'anniversaire (*voir pages 28-29*) sont tous deux 9, indiquant qu'il peut avoir, à un moment de sa vie, envie de se tourner vers une vie non matérielle.

Le nombre voyelle de Nadège, ainsi que son nombre l'anniversaire, est 5, indiquant une grande activité et de l'enthousiasme. Son nombre de date de naissance est 2 ou 11, suggérant intuition et spiritualité. Son nombre consonne est 1, montrant qu'elle est active. L'exemple ci-dessus nous donne le nombre du nom complet de Nadège : 6. Il est le lien entre l'aspect actif du 5 et l'aspect extérieur du 1. Le chemin de vie 2 crée des tensions en rapport avec le 1, mais s'accorde avec le côté « familial » du 2. Nadège doit faire preuve d'harmonie dans ses rapports avec les autres. Elle est perçue comme une personne équilibrée apte à assumer un certain nombre de responsabilités au foyer ou au travail.

GRILLE D'INCLUSION DE LA PERSONNALITÉ

LA DISTRIBUTION DES LETTRES INDIVIDUELLES DU NOM
EST AUSSI IMPORTANTE QUE LEUR SOMME. CETTE
DISTRIBUTION PEUT ÊTRE UN INDICE DE PLUS
SUR LES FORCES ET LES FAIBLESSES.

É crivez le nom utilisé
généralement et trouvez
l'équivalent numérique de chaque
lettre en vous servant de la table de
conversion numérologique
moderne (*voir page 34*).
Placez les nombres dans les
espaces appropriés d'une grille
de flèches de Pythagore vierge
(*voir page 30*). Le nombre de

lettres placées dépendra de la
longueur du nom : Frédérique
Fremenucchi contient beaucoup
plus de lettres que Paul Bois,
par exemple, mais les équivalents
numériques viendront en
compensation.

~ ⊙ ~

Une fois les nombres placés dans
la grille, reportez-vous aux pages

JEAN HERNANDEZ
1 5 1 5   8 5 9 5 1 5 4 5 8

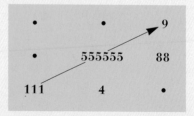

**GRILLE DU
NOM COMPLET
DE JEAN**

NADÈGE DUPASQUIES
5 1 4 5 7 5   4 3 7 1 1 8 3 9 5 1

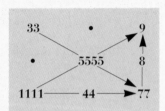

**GRILLE DU NOM
COMPLET DE
NADÈGE**

32-33 pour découvrir ce que les lignes fortes, faibles, complètes ou vides indiquent à propos de votre caractère.

~ ⍥ ~

Jean possède la diagonale 159, signe de détermination.
Bien qu'il n'ait aucune ligne complètement vide, il est faible sur son 123 (organisation, gestion), 258 (qualités artistiques), 369 (jugement sûr), 456 (volonté, détermination), 789 (énergie, enthousiasme) et 357 (compassion et compréhension des besoins des autres).
Cette dernière faiblesse n'est pas surprenante si l'on prend en considération sa nature matérialiste et sa forte détermination à accomplir ses objectifs. De plus, la ligne 357

était vide sur la grille correspondant à sa date de naissance (*voir pages 30-31*).

~ ⍥ ~

L'exemple ci-dessus montre que Nadège possède les lignes :
159 (détermination, ténacité), 147 (capacité manuelle, dextérité), 357 (compassion, sérénité) et 789 (énergie, enthousiasme).
Toutes les autres lignes sont assez fortes (deux nombres sur trois) et aucune n'est faible ou vide.
La grille de sa date de naissance comportait également les lignes 159 et 123, montrant que ce sont les principales caractéristiques de sa personnalité.
La ligne 258, partielle dans la première grille et dans la seconde grille, confirme une faiblesse dans l'équilibre psychique.

L'ALLIANCE DE VOTRE DATE ET DE VOTRE NOM

VOUS POUVEZ ALLIER VOTRE DATE DE NAISSANCE
ET VOTRE NOM, CE QUI FOURNIRA UN TABLEAU
TRÈS COMPLET DE LA PERSONNALITÉ,
DES FORCES ET DES FAIBLESSES.

Superposez votre grille de date de naissance (*voir pages 30-31*) sur votre grille de nom complet (*voir pages 42-43*). Elles devraient se renforcer l'une l'autre. Certains nombres peuvent être renforcés par leur présence dans les deux grilles, et les vides de l'une des grilles peuvent être comblés par l'autre. Les nombres en plus compléteront certainement la grille combinée. En conséquence, les espaces manquants prendront une signification plus importante que les espaces remplis, que ce soit pour les nombres ou pour les lignes. Reportez-vous aux interprétations des flèches de Pythagore (*voir pages 32-33*)

DATE DE NAISSANCE 18/2/1942

JEAN HERNANDEZ
1515 859515458

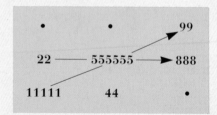

GRILLE COMBINÉE DE JEAN

NADÈGE DUPASQUIES
5 1 4 5 7 5   4 3 7 1 1 8 3 9 5 1

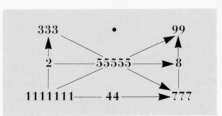

GRILLE COMBINÉE DE NADÈGE

pour découvrir ce que les lignes fortes, faibles, complètes ou vides indiquent sur le caractère.

~ ❍ ~

La superposition de la grille de la date de naissance sur la grille du nom complet de Jean donne l'exemple présenté page 44. On voit que, même avec une grille combinée, Jean n'a que deux flèches de Pythagore. Les nombres en plus résultant de la superposition des grilles montrent que toute ligne incomplète est une ligne faible. On peut donc dire que Jean est faible en 147 (condition physique et santé), 369 (jugement), 123 (ordre et gestion), 789 (activité) et particulièrement en 357

(compassion et sociabilité). Jean devrait accorder davantage d'attention à ces domaines.

~ ❍ ~

L'exemple ci-dessus montre que Nadège n'a qu'un nombre manquant, le 6, dans sa grille combinée. Elle possède six flèches de Pythagore, et deux lignes incomplètes : 369 et 456. La ligne 369 faible indique un esprit manquant d'originalité plutôt que d'intelligence ; peut-être a-t-elle une mauvaise mémoire et des difficultés à comprendre les raisonnements complexes. La faiblesse de la ligne 456 souligne le caractère hésitant de Nadège engendrant un manque d'opportunisme.

45

LES NOMBRES MANQUANTS

EXAMINEZ TOUS LES NOMBRES QUE VOUS AVEZ CALCULÉS,
ET REPÉREZ CEUX QUI MANQUENT. IL VAUT MIEUX AVOIR
UN ÉQUILIBRE ENTRE LES DIFFÉRENTS NOMBRES QUE
POSSÉDER TROP DE FOIS LE MÊME.

Regardez votre grille combinée (*voir pages 44-45*) et repérez les nombres manquants. Si vous en avez, regardez s'ils se trouvent parmi les cinq nombres de votre personnalité : le nombre de votre date de naissance (*voir pages 26-27*), le nombre de votre anniversaire (*voir pages 28-29*), votre nombre voyelle (*voir pages 36-37*), votre nombre consonne (*voir pages 38-39*), et le nombre de votre nom complet (*voir pages 40-41*).

Si, après les avoir cherchés parmi ceux de votre personnalité, des nombres vous manquent toujours, reportez-vous aux pages 16-25, et consultez les significations des nombres manquants.
Ces nombres absents de votre grille représentent les aspects de votre personnalité méritant plus d'attention de votre part.
Les nombres manquants de la grille combinée de Jean, par exemple, sont 3 et 7, et les cinq nombres de sa personnalité sont inscrits ci-dessous.

Le nombre du nom complet de Jean est 8, mais le 3 et le 7 sont absents de son profil numérologique. Cela reflète une

LES NOMBRES DE LA PERSONNALITÉ DE JEAN

Nombre de sa date de naissance	**9**
Nombre de son anniversaire	**9**
Nombre voyelle	**8**
Nombre consonne	**9**
Nombre de son nom complet	**8**

sérieuse faiblesse dans les domaines de la créativité, de l'adaptation et des relations sociales.

Son incapacité à bien communiquer avec certaines personnes pourrait l'empêcher d'atteindre ses objectifs, et se priver de distractions sociales est une triste lacune de sa vie. Jean se prend trop au sérieux, et il lui serait sans aucun doute très bénéfique de prendre le temps de s'amuser un peu.

~ ๑ ~

Nadège n'a qu'un numéro manquant dans sa grille combinée. Les cinq nombres de sa personnalité sont inscrits ci-contre. Le nombre de la date de naissance de Nadège 2 renforce l'unique 2 de sa grille combinée. Mais, le 1 de son nombre consonne, vient s'ajouter aux cinq déjà présents dans sa grille combinée accentuant son individualisme. Les excès d'un même nombre peuvent être signe de déséquilibre. Le nombre manquant de Nadège est 6 dénotant un manque, parfois, de qualités de soutien et d'assistance. Mais ce manque est compensé par le 6 de son nombre complet qui favorise sa recherche d'harmonie, de la chaleur et de la

Nombre de sa date de naissance	**2/11**
Nombre de son anniversaire	**5**
Nombre voyelle	**5**
Nombre consonne	**1**
Nombre de son nom complet	**6**

LES NOMBRES DE LA PERSONNALITÉ DE NADÈGE

sécurité d'un foyer équilibré. Rassurante, Nadège est apte à assumer des responsabilités importantes.

~ ๑ ~

N'ayez pas d'inquiétude s'il manque un ou plusieurs nombres dans le profil numérologique. La numérologie ne dévoile pas comment nous sommes destinés à vivre, mais aide à prendre conscience des forces et des faiblesses. Il faut lire attentivement les significations des nombres (*voir pages 16-25*), et s'efforcer de développer les traits de caractère qui font le plus défaut.

CHANGER DE NOM

ON NE PEUT MODIFIER SA DATE DE NAISSANCE, MAIS
ON PEUT CHANGER DE NOM. CET ÉVÉNEMENT AURA UNE
INFLUENCE NUMÉROLOGIQUE PAR SON INCIDENCE
SUR LES NOMBRES DE LA PERSONNALITÉ.

D ans de nombreuses civilisations, la tradition veut que la femme prenne le nom de son mari. Certains numérologues considèrent qu'après un certain temps la personnalité est susceptible d'évoluer pour s'adapter au nouveau nom. On change de nom pour différentes raisons : cela peut être un hommage personnel à une personne que l'on aime et que l'on admire, une volonté de se détacher de sa famille, un nom professionnel ou d'auteur, ou simplement le sentiment que son nom n'est pas adapté. De nombreuses personnes sont

SIMPLEMENT SIX
*Le boxeur américain
Cassius Clay prit le nom
de Muhammad Ali en
1964. Cela transforma
son nombre voyelle 5
en 6, et son nombre
consonne 1 en 9,
mais le nombre de son
nom complet resta le 6,
symbole de l'harmonie
et de l'équilibre.*

POUR LE MEILLEUR ET POUR LE PIRE
*Lors du mariage, la tradition veut que la femme prenne le nom
de son nouvel époux. Un changement de nom affecte
généralement l'analyse numérologique.*

connues sous une variante de leur prénom. Charles, par exemple, peut être appelé Charlie ou Charlot, et Élisabeth a toutes les chances de porter les surnoms de Liz ou de Babette. Si une personne prénommée Catherine préfère le surnom Cathy et a l'habitude d'être appelée ainsi par ses amis, c'est le prénom Cathy qui doit être analysé, et non Catherine.

Cela peut sembler être un artifice si l'on change de nom ou son orthographe simplement dans le but d'influencer positivement une analyse numérologique. Cependant, si vous avez l'intention de changer votre nom, il est conseillé de consulter les significations avant de se décider.

Calculez votre nombre voyelle (*voir pages 36-37*), votre nombre consonne (*voir pages 38-39*) et le nombre de votre nom complet (*voir pages 40-41*) pour tester les différentes versions de votre prénom. Regardez si vos nombres manquants apparaissent, mais notez aussi les nombres perdus.

ANNÉE PERSONNELLE

SI VOTRE DATE DE NAISSANCE PEUT VOUS FOURNIR
DES INFORMATIONS SUR VOTRE PERSONNALITÉ,
IL DOIT ÊTRE POSSIBLE D'UTILISER LES DATES
POUR REGARDER VERS L'AVENIR ET PRÉDIRE
CE QUE LES ANNÉES FUTURES RÉSERVERONT.

L es numérologues pensent que les années, les décennies et les siècles possèdent leurs propres spécificités.
Les significations des nombres (*voir pages 16-25*) restent toujours les mêmes, que ce soit pour l'analyse des dates de naissance, des noms ou des années.

La réduction numérologique des années à un nombre à un seul chiffre peut être utilisée pour prédire ce qui les marquera.
Les années 1997, 1998 et 1999, par exemple, peuvent être réduites comme indiqué ci-contre.
Le nombre 8 est associé au matérialisme. L'année 1997 est donc placée sous le signe des affaires, ou sous celui de l'argent, et cela aussi bien en termes de gains que de pertes : le nombre 8 est souvent associé à l'idée d'échec.
Le nombre 9 est puissant et suggère accomplissement et

$$1+9+9+7=26$$

$$2+6=8$$

1997

$$1+9+9+8=27$$

$$2+7=9$$

1998

$$1+9+9+9=28$$

$$2+8=10$$

$$1+0=1$$

1999

$$1+8+2+1+9+9+8=38$$

$$3+8=11$$

$$1+1=2$$

aboutissement. En conséquence, 1998 sera certainement une année de rayonnement et d'objectifs atteints, en particulier dans le domaine artistique.

Le nombre 1 indique les nouveaux départs, les puissances mentales et l'idée de diriger. 1999 sera donc peut-être une année de grands projets et d'importants accomplissements.

La numérologie des années peut également être utilisée pour les prédictions. Ajoutez le jour et le mois de naissance à n'importe quelle année afin de découvrir la manière dont cette année vous affectera.

Par exemple, en ajoutant le jour (18) et le mois de naissance (2) de

Jean à l'année 1998, on obtient par réduction le nombre 2.

Cela montre que 1998 sera sans doute une année passive pour lui, mais ne signifie pas forcément une absence de projets ; on dira plutôt que c'est la passivité qui se révélera efficace.

~ ∘ ~

L'exemple ci-dessous montre comment ajouter le jour (23) et le mois de naissance (11) de Nadège à l'année 1997. Le nombre obtenu par réduction, 6, indique que 1997 sera propice à l'édification d'un foyer et au confort matériel. Ce nombre manquait au profil de Nadège, mais en 1997 elle sera peut-être à même d'intégrer cet aspect des choses à sa vie.

51

$$2+3+1+1+1+9+9+7=33$$

$$3+3=6$$

AUTRES UTILISATIONS
DES NOMBRES : LES CARRÉS

DURANT DES SIÈCLES, DES SYMBOLES COMME LES LETTRES
ET LES NOMBRES ONT ÉTÉ UTILISÉS POUR REPRÉSENTER
LE LANGAGE ET LE CALCUL. DISPOSÉS DE DIFFÉRENTES
FAÇONS, ILS SONT ASSOCIÉS À LA MAGIE.

L'existence des carrés de nombres date de l'époque de Pythagore. Par exemple, tous les nombres de 1 à 9 peuvent être placés dans une grille à neuf cases de façon à ce que chaque ligne – verticale, horizontale ou diagonale – totalise 15. Le total du « carré magique » est 45 (3x15). De la même manière, un carré à 16 cases contenant tous les nombres de 1 à 16 peut être disposé de façon à ce que chaque ligne totalise 34. Le total du carré est alors 136 (4x34).

Les Anciens attribuaient chaque grille différemment calibrée à une planète. Un carré à 9 cases, par exemple, était associé à Saturne et à la couleur noire ; un carré à 16 cases était associé à Jupiter et à la couleur orange.

~ ୬ ~

Les carrés magiques, ainsi que d'autres formes utilisant des lettres, étaient fréquemment employés comme des amulettes contre le diable. Le plus célèbre terme de magie, *abracadabra*, provient probablement de la divinité Abraxas. Le philosophe Basilide (85-145) fonda une école ésotérique à Alexandrie, en Égypte. Il enseignait qu'il existait un dieu suprême, Abraxas, doté d'un corps humain, d'une tête de faucon et d'une queue de serpent. Dans le système numérologique grec, le nom Abraxas totalise 365, correspondant au nombre de jours dans une année et au nombre

CARRÉ À 9 CASES

4	9	2
3	5	7
8	1	6

de paradis dans la cosmologie de Basilide. Selon celui-ci, le nombre 365 détenait des pouvoirs magiques considérables, capables de rendre toute personne invincible. *Abracadabra* était, à l'origine, utilisé pour chasser les fièvres.

Les acronymes ont également, pendant des siècles, renfermé des significations ésotériques. Les premiers chrétiens utilisaient le signe du poisson comme symbole secret, avant la croix. Le terme grec signifiant « poisson », ICHTHYS, représente les premières lettres des termes grecs signifiant « Jésus-Christ, fils de Dieu, Sauveur ».

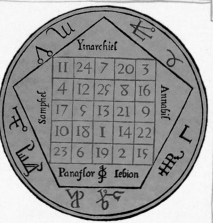

MARS MAGIQUE
Ce sceau montre le carré magique de Mars. Chaque ligne de cette grille à 25 cases totalise 65, et le total de la grille est 365 (5x65). Comme son nom l'indique, ce carré est associé à la planète Mars et à la couleur rouge.

53

ABRACADABRA
BRACADABR
RACADAB
ACADA
CAD
A

AMULETTE DE MOT MAGIQUE ABRACADABRA

AUTRES UTILISATIONS DES NOMBRES :
LES SYSTÈMES ÉSOTÉRIQUES

LES SIGNIFICATIONS ÉSOTÉRIQUES DES NOMBRES
IMPORTANTS EN NUMÉROLOGIE ENTRETIENNENT DES
LIENS ÉTROITS AVEC DE NOMBREUX AUTRES SYSTÈMES
MÉTAPHYSIQUES, MAGIQUES ET DIVINATOIRES.

La numérologie puise ses racines dans la kabbale, le courant ésotérique du judaïsme. Ce système complexe est centré sur l'Arbre de vie, qui utilise 10 points de l'arbre et les 22 chemins qui les relient pour illustrer les rapports entre l'homme et Dieu. Chaque chemin est numéroté avec l'une des 22 lettres de l'alphabet hébreu.

Le tarot provient également de la kabbale. Etteilla, Eliphas Lévi et Papus, théoriciens ésotériques du XIXe siècle, relièrent les 22 chemins de l'Arbre de vie avec les 22 cartes de l'arcane majeur du tarot. L'Ordre hermétique de l'aube dorée, société occulte britannique du début du XXe siècle, fit encore davantage correspondre

THE FOOL

EL LOCO

TAROT ET NUMÉROLOGIE
La numérologie et le tarot entretiennent un rapport mystique avec la kabbale, le courant ésotérique du judaïsme. Ce Fou et ce Cinq de coupe proviennent d'un tarot espagnol.

CARTES DU I KING
Il est possible de consulter le I King avec des cartes. Ces deux cartes illustrent la signification des trigrammes à l'origine des hexagrammes représentés au bas des cartes.

le tarot à la kabbale en plaçant le Fou avant l'As et non avant le 21, et en échangeant la Justice et la Témérité, le 8 et le 11.
Le I King, système divinatoire chinois, est fondé sur les opposés complémentaires tels que le yang et le yin. Le yang est représenté par une ligne continue, le yin par une ligne interrompue, et il existe huit combinaisons de trois lignes appelées trigrammes. L'association de deux trigrammes aboutit aux 64 hexagrammes du I King, chacun ayant sa propre signification.

PIÈCES FONDUES
Ces pièces de I King possèdent une face yang et une face yin. Le yang comprend les concepts de la lumière et de la masculinité, le yin comprend ceux de l'obscurité et de la féminité.

AUTRES UTILISATIONS DES NOMBRES : LA MUSIQUE

LE RYTHME, LA MÉLODIE ET L'HARMONIE DÉPENDENT ENTIÈREMENT DES NOMBRES. LA MUSIQUE EST UN PUISSANT ÉLÉMENT AUSSI BIEN DANS LES DOMAINES MYSTIQUE ET MAGIQUE QUE DANS CELUI DE VOTRE DÉVELOPPEMENT PERSONNEL.

La musique est l'un des plus anciens domaines de la vie. Chacun d'entre nous écoute de la musique, et nous possédons tous un instrument de musique : la voix humaine. La musique est un langage universel.

Pythagore (*voir pages 12-13*) calcula les principes de l'octave musicale et des intervalles entre les notes d'une gamme à l'aide des mathématiques.

Les harmoniques, les notes « cachées » d'un instrument à cordes, peuvent être entendues lorsque l'on touche une corde pincée à la moitié, au tiers ou au quart de sa longueur. Les intervalles musicaux tels que la tierce ou la quinte sont comme des représentations sonores de formules mathématiques.

La toute première musique, le battement d'un tambour, était purement rythmique, et le rythme n'est rien d'autre qu'une manipulation de nombres. Des sociétés primitives aux festivals de rock, la danse dépend du rythme des percussions. Les armées marchent au son du tambour : non seulement le rythme répétitif contribue à accorder le pas des soldats, mais il leur inspire courage et entrain. Dans certaines sociétés tribales, les tambours sont utilisés pour envoyer des

HOCHET ET TAMBOUR
Comme son nom l'indique, ce tambour à hochets indien est à la fois un tambour et un hochet.

LA NOTATION DES NOTES
L'information numérique complexe d'une seule page de musique comprend le nombre de battements dans une mesure, la durée des notes et le tempo.

messages, et les rythmes artificiels du langage morse sont une extension de ce principe.

～❂～

La musique peut produire un effet magique sur les musiciens et sur l'auditoire. Elle contient un grand pouvoir émotionnel et peut aussi bien motiver qu'apaiser ou attrister.
Les érudits et les philosophes ont, de tout temps, lié la musique au mysticisme et à la magie.
Citons quelques érudits ésotériques : Pythagore, Platon (428-348 av. J.-C.) et Plutarque (46-120 av. J.-C.), les philosophes hermétiques Robert Fludd (1574-1637) et Johannes Kepler (1571-1630), le fondateur de la philosophie mystique de l'anthroposophie, Rudolph

Steiner, et l'un des plus importants écrivains ésotériques, R. J. Stewart.

～❂～

Tentez une expérience. Parmi les musiques que vous aimez, attribuez à chaque nombre l'une d'entre elles (*voir pages 16-25*). Si vous souhaitez développer l'une des qualités associées à l'un de ces nombres, écoutez l'air qui lui correspond.

DRÔLE DE POISSON
Cet instrument en forme de poisson est un rajao du XIXe siècle, luth portugais à cinq cordes.

AUTRES UTILISATIONS DES NOMBRES : LES COULEURS

LES NOMBRES ET LES COULEURS S'ASSOCIENT DE PLUSIEURS MANIÈRES. LES COULEURS REPRÉSENTENT LA FAÇON DONT NOS YEUX PERÇOIVENT LES FRÉQUENCES LUMINEUSES, ET CES FRÉQUENCES DÉPENDENT DE RELATIONS NUMÉRIQUES.

Les couleurs provoquent différents effets émotionnels : le rouge est agressif et dangereux, le vert est doux et apaisant, le bleu est tranquille et intellectuellement stimulant.

Le ton d'une couleur est également très important. Un salon baigné d'un ton doux de rose rapelle la chaleur du foyer. Les couleurs que vous portez peuvent vous affecter de manière personnelle : une nuance bleu-clair vous fera apparaître sûr(e) de vous et raffiné(e), alors qu'un rouge vif suggérera un tempérament passionné ou littéralement « ardent ».

La numérologie peut vous aider à choisir les couleurs allant avec votre personnalité. Consultez le nombre de votre date de naissance (*voir pages 26-27*), le nombre de votre anniversaire (*voir pages 28-29*), votre nombre voyelle (*voir pages 36-37*), votre nombre consonne (*voir pages 38-39*), et le nombre de votre nom complet (*voir pages 40-41*). Si l'un de ces nombres revient plusieurs fois, ou si vous considérez que la signification

AMBRE

PERLE

AMÉTHYSTE

de l'un de ces nombres (*voir pages 16-25*) correspond à votre « vrai moi », il est probable que la couleur qui lui est associée siéra particulièrement bien à votre personnalité. Accentuez votre « moi intérieur » en portant des couleurs ou des pierres (pour les femmes) correspondant à votre nombre voyelle. Il vous est également possible d'encourager le déroulement de votre chemin de vie en privilégiant les couleurs liées au nombre de votre date de naissance. Pour développer une qualité particulière liée à un nombre, choisissez les couleurs qui lui sont associées.

~ 9 ~

Le nombre 1 est associé aux couleurs jaune, orange et or, et au topaze et à l'ambre.
Le 2 est lié au vert, au crème et au blanc, ainsi qu'à la pierre de lune, la perle et le jade.
Au nombre 3 correspondent le violet, le mauve et le parme, sa pierre étant l'améthyste.
Le 4 est associé aux couleurs bleu, gris et argent, et au saphir. Au 5 correspondent les tons pastel

en général, ainsi que le diamant.
Le 6 est lié à la plupart des tons de bleu, à la turquoise, et à l'émeraude.
Le nombre 7 correspond au vert, au jaune et à l'or, ainsi qu'à la perle, à la pierre de lune et à l'œil-de-chat.
Le 8 est associé aux gris sombres, au violet, au bleu et au noir, ainsi qu'à la perle noire et aux saphirs sombres.
Le nombre 9 est lié aux tons de rouge, et, en ce qui concerne les pierres, au grenat, au rubis et à l'héliotrope.

SAPHIR

DIAMANT

ÉMERAUDE

59

PIERRE DE LUNE

GRENAT

SAPHIR SOMBRE

INDEX

RÉALISATION

ÉDITIONS

PHILIPPINE

PHILIPPE SCALI

Révision et adaptation
Danielle Semelle, numérologue et géobiologue,
professeur de numérologie et de géobiologie

Coordination
Catherine Bonifassi, Claude Gentiletti

Correction
Jean-Pierre Coin, Nicolas Krief

Montage PAO
Fabrice Épelboin, Isabelle Vancauwenberge

~ 9 ~

Illustrations
John Beech 4, 5, 14, 15, 16, 17,
18, 19, 20, 21, 22, 23, 24, 25;
Anna Benjamin

Photographies
Steve Gorton et Tim Ridley
Jane Burton, Philip Dowell, Colin Keates
Dave King, Harry Taylor

Assistante de publication – Martha Swift
Assistante iconographe – Ingrid Nilsson
Assistant maquettiste – Daniel McCarthy

L'éditeur tient à remercier les personnes suivantes pour l'avoir autorisé
à reproduire les illustrations figurant dans le présent ouvrage.
The Aquarian Press, HarperCollins Publishers,
77-85 Fulham Palace Road, Hammersmith, London W6 8JB :
The I Ching Card Pack by Anthony Clark and Richard Gill ;
Naipes Heraclio Fournier, P.O. Box 94, Vitoria, Spain : Spanish Tarot.

Crédits photographiques
Abréviations : h en haut ; c au centre ; b en bas ; g gauche ; d droite.
AKG/Galleria dell' Accademia Firenze 14cg ; Musée du Louvre Paris 15hd ;
Jean-Loup Charmet 8 bg ; Mary Evans Picture Library 12 bg, 57hd ;
Image Bank 49hd ; Images Colour Library 9hd, 10cg, 11hd, 22cd, 53hd ;
Rex Features Ltd 48cg ; Harry Smith Collection 18 hd.